PREGÓN DE SEMANA SANTA

JULIÁN RECUENCO PÉREZ

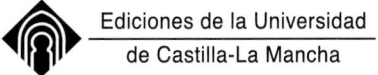

Ediciones de la Universidad
de Castilla-La Mancha

THEMA: 5HPFH 1DSE-ES-GCA

© de la edición: Ediciones de la Universidad de Castilla-La Mancha, 2025
© de los textos: Julián Recuenco Pérez, 2025
© de las imágenes: Enrique Martínez Gil, 2025
© de la imagen de cubierta: José María Albareda Ortiz, 2024

Colección Ediciones Institucionales, n.º 146

ISBN: 978-84-9044-698-0 (Edición impresa)
D.L.: CU 24-2025
DOI: https://doi.org/10.18239/ins_2024_146.00

Con la colaboración del Patronato Universitario Cardenal Gil de Albornoz, Cuenca.

Imprime: Trisorgar

Impreso en España - *Printed in Spain (E.U.)*

Patronato
Gil de Albornoz

PREGÓN DE SEMANA SANTA

JULIÁN RECUENCO PÉREZ

Teatro Auditoro
José Luis Perales. Cuenca

22 de Marzo de 2024

Introducción

Señor Alcalde presidente del Excelentísimo Ayuntamiento de Cuenca, don Darío Dolz Fernández, y resto de concejales.

Dignísimas autoridades políticas, universitarias, civiles, militares y eclesiásticas.

Nazarenas y nazarenos de Cuenca.

Amigos todos.

Buenas tardes. Antes de nada, permitidme que les dedique este pregón a todos los nazarenos de Cuenca, que un día nos dejaron para pasar a formar parte de esa procesión del cielo, que cantara en otro pregón como éste, Rafael Pérez Rodríguez. Y permitidme que se lo dedique, especialmente, y en representación de todos los demás, a mi padre, Julián Recuenco Escudero, a quien me gusta imaginar con un clarinete de nubes en las manos, ensayando las notas de «San Juan» con un coro de ángeles y de querubines.

Ya se ha cumplido, por fin, el ciclo ansiado de la espera. Ya está a punto de abrirse, también, el ciclo doloroso de la Pasión, la Muerte y la Resurrección de Aquél que nos ama; de Aquél que vino a la tierra para redimirnos con su sangre y con su dolor, con su muerte; de Aquél al que decimos amar cuando, vestidos con la túnica y el capuz de nuestros antepasados, con la tulipa o la horquilla entre las manos, nos sentimos parte activa de este ciclo que hoy, un año como todos y siempre de manera repetida, vuelve a abrirse en nuestro calendario. Ya están a punto de acariciar nuestros oídos, una vez más, las alegres campanadas del Hosana que anticipan, de manera contradictoria pero complementaria, el dolor y el luto.

Sí; ya está aquí de nuevo. Ya está otra vez Perséfone, la hija de Deméter. Ya ha regresado de su viaje a los infiernos, lejos otra vez del narciso y la granada. Ya ha vuelto la primavera, y con ella, ya ha regresado el misterio del rito, el abrazo del dolor y de la vida. Pero más allá del mito de Perséfone, el misterio cristiano es mucho más importante que todos los misterios de los ritos paganos. Y en ese misterio yo, humilde pregonero elegido por vosotros, traiciono el silencio que ansío para anunciaros eso que, sin embargo, todos ya conocéis: que otra vez las rosas volverán a renacer en la corona de espinas; que otra vez las margaritas y las amapolas van a abandonar las verdes praderas junto al Júcar para brotar, todas juntas y con más fuerza que nunca, sobre la Cruz de Cristo. Anunciaros, en fin, desde este estrado, como antes en San Miguel, lo mismo que anunciaron antes que yo tantos oradores, enamorados de su, de nuestra, Semana Santa; anunciaros que, durante una semana, desde el Hosana de los ramos hasta la Gloria de la Resurrección, desde las palmas al lábaro, van a florecer las ortigas, otra vez, sobre la esponja y el vinagre.

Ya está. Ya lo he dicho. Ya he cumplido humildemente la misión que vosotros me habíais encargado, cuando decidisteis que fuera yo, este año, quien debía anunciaros aquello que, sin embargo, vosotros ya conocéis; y lo sabéis porque vosotros, como yo, lleváis el año entero esperando a que esto suceda. Porque una fecha como ésta no os podría pasar desapercibida en vuestro calendario, y porque vosotros, como yo, lleváis ya muchos días preparándolo todo para que esta semana, otra vez, vuelva a ser inolvidable. Porque vosotros, como las vírgenes discretas de la parábola, tenéis ya preparada vuestra alcuza con aceite, para que el Esposo no os pille desprevenidos cuando venga a desposarse con vosotros. Por eso habéis limpiado y preparado los pasos en las andas, y todos los enseres necesarios para la procesión. Por eso habéis sacado ya de los armarios vuestras túnicas y vuestros capuces, y las marchas de Semana Santa vuelven ya a sonar, siempre lo hacen, en vuestros equipos de música.

Tarea sencilla, y al mismo tiempo tarea tan difícil, es ésta, la de pregonar nuestra Semana Santa. Sí; tarea sencilla, o así debería ser, porque yo, como todos los que me precedieron, sólo he venido aquí para deciros que, por fin, otra vez es Viernes de Dolores, que la Madre, bajo un enorme manto de Angustias, nos espera ya de nuevo en su casa, en la cumbre de la hoz del Júcar. El año pasado, en este mismo estrado, mi más inmediato predecesor, mi amigo Carlos Julián, dijo que lo mejor que le puede pasar a un nazareno de Cuenca es dar el pregón de su Semana Santa. Por eso, porque esto es lo mejor que como nazareno me ha pasado, porque lo que más le gusta a un nazareno de Cuenca es hablar de su Semana Santa, poder dar el pregón es un orgullo que, en principio, debería ser una tarea sencilla de afrontar.

Y, sin embargo, que difícil es, también, hacer frente a la responsabilidad que supone venir aquí, para deciros que muy pronto, otra vez, la Vida va a vencer a la Muerte. Porque el orador sabe que al nazareno de Cuenca no le basta con escuchar palabras ya oídas con anterioridad, que quiere que cada pregonero vuelva a remover en su corazón sentimientos que son propios, pero que son, también, sentimientos de toda la familia nazarena; recuerdos enterrados en la arena del olvido, como el arqueólogo recupera desde el fondo de la tierra tesoros y conocimiento.

Por eso, no es suficiente con que el pregonero os anuncie que Cristo va a morir de nuevo en el Remedio, ahí donde el Júcar, como un Jordán repleto de esperanza, se abraza con el Huécar; por eso, por la esperanza y no por las algas que anidan en su fondo, es por lo que las aguas del Júcar tienen el color glauco de una vieja sirena. Y si el Júcar es el Jordán, el Huécar es el Cedrón que cada uno de nosotros debe cruzar para encontrar nuestro propio Gólgota. Por eso, no basta con que el orador anuncie que Jesús va a resucitar; que va a abrir otra vez, para vosotros, la llaga de su costado para deciros, como un día le dijo a Santo Tomás, que todos somos un poco incrédulos ante la Verdad que este año, como todos, vuelve a representarse ante nosotros.

Y este pregonero, ante la responsabilidad que significa el presentarse delante de vosotros, no tiene más remedio que preguntarse por las razones que os han llevado a elegirme para hablaros desde este estrado. ¿Queréis escuchar al historiador, que ha pasado parte de su vida desempolvando viejos legajos que hablan de procesiones ya pretéritas? ¿Queréis escuchar al nazareno, que cada año se viste de túnica y de capuz para sumarse a cualquiera de nuestras procesiones? ¿O queréis escuchar sólo a ese cristiano, creyente, pero a veces un poco débil en sus creencias, que hay detrás de cada nazareno?

El Historiador

Fue hace ya mucho tiempo, cuando en España no se ponía el sol y la Iglesia, renovada en Trento, no era todavía como un canto barroco a los sentidos. El marco temporal es un frío día de primavera de algún año indeterminado del siglo XVI. El marco espacial es también un punto indeterminado de la ciudad de Cuenca, pero reducido a la geografía urbana comprendida entre el convento de San Francisco y la ermita de San Roque, templos vecinos en la parte baja de la ciudad, en esa nueva Cuenca que en aquellos años estaba empezando a nacer al otro lado del Huécar.

No sabemos quién puede ser el protagonista del relato. Podría ser quizá Francisco Becerril, el famoso platero, que en este momento acaba de terminar, para la diócesis de Cuenca, una hermosa custodia de tres cuerpos, rematada con la figura de Cristo Resucitado, destinada a desaparecer un día triste, mucho tiempo después, entre el filo de las hachas de los soldados franceses.

Puede ser Francisco de Luna, el arquitecto que unió los cerros del Socorro y San Cristóbal, ángel que trazó un puente invisible entre el cielo y la tierra, con otro puente, éste de piedra, que podrían haber construido los cíclopes de la antigüedad, y destinado, sin embargo, a desaparecer también tras el humo y la ignominia.

Puede ser Blas de Murcia, desconocido boticario cuya firma se mantiene aún legible, en un viejo documento de archivo, en un contrato que marca, de alguna forma, el inicio de un culto que aún pervive, a través del tiempo y a pesar de la guerra y los incendios.

Puede ser también cualquiera de nosotros, después de un viaje onírico a través del tiempo. Puede ser cualquier anónimo nazareno, de ayer, de hoy y de mañana, porque quizá el ciclo cronológico sea sólo una serpiente cósmica que vuelve, a través de las generaciones, a morderse su propia cola con las fauces de la historia.

Vuelvo hoy por eso a ese principio. Vuelvo hoy a enseñar, a través de la imaginación, al primer nazareno, vestido con esa túnica blanca, abierta por la espalda, dejando asomar a través de la uve de su escote su cuerpo flagelado, herido por la disciplina. Lo veo empuñando, aún no la horquilla, ni la tulipa que aún no existe, sino el látigo con el que acaba de abrirse las carnes. Lo veo caminar detrás de una Cruz sin Crucifijo, o tras una Virgen Dolorosa, aún sin palio en el que esconder sus lágrimas de Madre afligida.

El cortejo no es todavía un acto llamativo de teatro, no es aún un escenario artificioso en el que pueda verse reflejado el viejo y renovado teatro de la vida. El cortejo es, aún, tan lejos y tan cerca, un reflejo humilde de la propia sencillez de Cristo, una astilla de su Cruz, una humilde espina de su trágica corona, la espina que en algunos escultores andaluces del Barroco se abre camino en su frente herida.

Vuelvo al principio, y veo en el principio aquello que quizá habría de ser recuperado para la Semana Santa de hoy. No, por supuesto, el flagelo y la carne abierta, atravesando un mapa de valles de piel enrojecida, y ríos de sangre a punto de brotar. No, desde luego; estos serían detalles anacrónicos, sin sentido en la Semana Santa del siglo XXI. Pero sí, esa sencillez de las creencias; esa verdad que mana del hombro entumecido; ese deslizarse por las calles de Cuenca en un silencio absoluto, en una oscuridad que sólo unas pocas velas encendidas pueden, muy de vez en cuando, iluminar las sombras.

La Semana Santa de Cuenca está cargada de historia y también de mitología. El Diccionario de la Real Academia de la Lengua define la palabra mito como «*fábula, ficción alegórica, especialmente en materia religiosa. Relato o noticia que desfigura lo que realmente es una cosa, y le da apariencia de ser más valiosa o más atractiva*». Ahondando más en el tema, el diccionario de María Moliner, más preciso en algunos momentos, nos dice que un mito es una «*cosa inventada por alguien, que intenta hacerla pasar por verdad, o cosa que no existe más que en la fantasía de alguien.*» Por su parte, Sebastián de Covarrubias, el canónigo que fundó en la catedral de Cuenca esa pequeña capilla de la girola, que se puede reconocer por el cuadro de su altar, una imagen de Jesús atado a la columna, una hermosa obra del pintor italiano Bartolomé de Matarana, define en su *Tesoro de la Lengua* el verbo fantasear de esta manera: «*Imaginar, devanear, fundar torres de viento, sutilizar algún concepto y subille de punto*».

Sí; la Semana Santa de Cuenca está cargada de mitos y de leyendas. Sin embargo, también es cierto que algunas veces, muchas, el mito es incluso más hermoso que la prosaica historia. Es cierto que es hermoso, cada madrugada del Viernes Santo, cuando el frío del rosicler conquense se condensa en la cuesta de San Vicente, escuchar el sonido apagado de los martillos golpeando en la superficie de los yunques. Es hermoso sentir la tradición de los herreros allí donde comienza la calle del general Santa Coloma, todavía inexistente en los tiempos de Francisco Becerril o de Francisco de Luna, la tradición viva de los antiguos herreros. Poco importa, en este sentido, que sea la documentación la que confirme que este gremio, como el de los plateros, o el de los monederos, o el de todos los artesanos que tenían algo que ver con el trabajo del metal, veneraba a San Eloy, y que el gremio tenía su sede de cultos en la ahora nazarena iglesia de San Andrés.

Poco importa el hecho de que, en realidad, nuestras hermandades de Semana Santa no tienen nada que ver con los gremios medievales. Sí, el mito puede ser hermoso, pero sólo si somos conscientes de que es eso, mito, y no lo intentamos confrontar con la historia; porque si lo hacemos, estaremos tergiversándola, disfrazándola con una máscara de pintura, como a la novia que no es lo suficientemente bella para el amado que va a desposarse con ella.

A menudo me preguntan cómo era la Semana Santa de Cuenca en sus primeros años, qué tenía en común, y qué la diferenciaba, con otras procesiones españolas similares. Y como consecuencia de ello, qué debemos hacer para despojarnos por completo de esas injerencias incorporadas a través de los siglos. Intentar responder a estas preguntas requeriría de otros espacios y otros auditorios, de una especie de ecumenismo intelectual entre antropólogos y sociólogos, entre folkloristas e historiadores de las mentalidades, pero lo cierto es que cualquier tradición, cualquier celebración importante, y la Semana Santa de Cuenca lo es, es el resultado de las tensiones entre una suerte de globalización y el genio colectivo de un pueblo concreto.

Es ahí, en esa tensión lógica, consustancial al hombre que vive en sociedad, de la que no podemos huir si no queremos renunciar a ser nosotros mismos, donde debemos buscar esa esencia que es propia, que nunca debemos perder, y que nos caracteriza como nazarenos. Pero, ¿sabemos, de verdad, qué es lo que nos singulariza y nos diferencia de otras celebraciones similares, más allá del propio marco escénico profesional? Urge que, entre todos, hagamos una reflexión seria, cabal, mirando de verdad a nuestro pasado, porque sólo conociendo de verdad nuestra historia, más allá de las leyendas y de los mitos, podremos encontrar respuesta a estas y a otras preguntas similares.

El Nazareno

El hombre, que antes fue niño, cierra los ojos y recuerda con nostalgia los años ya lejanos de su niñez. Recuerda una cena apresurada, el Martes Santo o el Miércoles Santo, da igual, y el sueño que pugnaba por cerrarle los párpados. Recuerda las miradas somnolientas a través del cristal del balcón que había en el cuarto de estar de la casa paterna, en Calderón de la Barca, y la desilusión que sentía cuando sólo podía contemplar la oscuridad de la noche. Recuerda, por fin, esa oscuridad rota por centenares de pequeñas lucecitas oscilantes bajando por las curvas de la Audiencia, rutilantes por encima de las copas plateadas de los chopos que entonces existían, aún, en las huertas del Puente de Palo, hoy desaparecidos, como tantas otras cosas de la Cuenca de su niñez. Recuerda como, en algunas zonas, las luces se agrupaban, se alzaban por encima de la serpiente luminosa que formaban el resto de las luces, y entonces el niño imaginaba cuáles eran los pasos que se correspondían con aquellas luces agrupadas.

Así, cada Martes Santo, desde el anuncio del Bautista hasta la Esperanza de la Madre, verde el manto como las aguas del Júcar entre el Puente de los Descalzos y el de San Antón. Así, también, cada Miércoles Santo, desde una Oración y un Huerto que no eran los suyos, o no eran del todo suyos, hasta el diálogo callado de San Juan y de María. Así, un año tras otro, siempre repetido y siempre renovado, hasta que sus padres cambiaron de casa; hasta que, ya en la juventud, quiso cambiar el papel de espectador por el de anónimo protagonista en esas noches blancas de la luna de Parasceve y acompañar, primero con la tulipa y después con la horquilla, la sagrada Eucaristía de Jesús y los Apóstoles.

Sí, porque algunos años más tarde, cuando él había dejado de ser un niño para convertirse en un joven enamorado de su Semana Santa, cuando ya había empezado a participar de la celebración de manera consciente, no como lo hace un niño que camina de la mano de sus padres, él no dudó en apuntarse a la nueva hermandad que, allá por los años ochenta del siglo pasado, abriría de par en par las puertas de la catedral para encabezar el desfile del Miércoles Santo, hasta la iglesia de San Esteban. Ya al segundo año, la horquilla sustituiría a la tulipa, y poco tiempo después, ésta sería sustituida, a su vez, por el cetro de secretario. Distintas formas de trabajar para el Cenáculo, pero siempre, perviviendo en su corazón, el amor por ese Cristo que está a punto de partir el pan entre sus apóstoles, entre todos nosotros.

Pero aún faltaba mucho para ello. Aún faltaba la madurez que aporta el primer banzo, cuando el peso de la imagen hiere el hombro, cuando el cansancio oprime con fuerza las sienes, y el hombre deja por fin atrás al niño, y camina calle arriba, en busca de un sentimiento que no termina de comprender, pero que eriza su alma y deja a las hormigas caminando por su corazón.

Lo habíamos dejado aún habitante en los paraísos perdidos de Milton, mirando a través de la superficie lisa y transparente del cristal que separaba, como la propia fantasía, dos mundos que se complementan. Lo habíamos dejado imaginando, tras la serpiente de luces amarillas sin principio y sin final –el principio adentrándose ya al otro lado del viejo Instituto, del antiguo Parador de las Escuelas; el final, todavía lejano más allá de San Felipe-, la vieja procesión de sus recuerdos.

Después, unos minutos de ansiada espera hasta que, pasado el tiempo suficiente, el niño considera que la cabecera de la procesión, la primera cruz en manos de otros niños como él, vestidos de blanco y carmesí, ha debido aparecer ya a este lado de la curva de la Trinidad. Y entonces, la duda. Asomarse con sus padres al balcón de la niñez, en la calle Calderón de la Barca, y contemplar desde allí, en un plano superior, el lento balanceo de las tallas a hombros de sus banceros. O bajar él sólo hasta la calle, adentrarse en la noche sin ayuda, y contemplar desde un mismo plano el lento caminar de unos pocos nazarenos.

Al final, como un nuevo rito de paso, como un antecedente de lo que va a suponer su primer año de bancero, el niño se decide a bajar hasta la calle. Desde allí se ven mejor los ojos de cansancio detrás de los capuces, el cuerpo sinuoso del bancero, suave escorzo, intentando hacer, ante su mirada callada, un último esfuerzo, al tiempo que el cetro del capataz golpea suavemente la parte delantera de las andas. Desde allí se ve mejor, con más detalle, ese rito extraño que aún no entiende, pero que ya está empezando a amar un poco porque es también el rito de sus padres y de sus abuelos. Desde allí, el niño sabe que si cierra con fuerza los ojos puede verse él también formando parte del cortejo, con una cruz pequeña de madera en sus manos, enguantadas de blanco inmaculado.

La semana avanza inexorable. Ya es Jueves Santo, a primera hora de la tarde, y el desfile, bajo un sol abrasador, se desliza ahora desde Palafox a San Felipe, en dirección contraria a la que ahora sigue. El niño ya no está en el balcón. El sueño de la noche se ha convertido ese día en realidad, como ha sucedido también todos los años anteriores, como seguiría haciéndolo después, durante muchos años más. Porque él es ahora una de esas luces, todavía apagadas porque el sol roba aún destellos de oro en el otro cristal, el de las tulipas. Eran otros tiempos, y el niño de entonces se asombra todavía, ya maduro, cuando observa hasta qué punto han cambiado las dos filas paralelas que acompañan a las imágenes. Entonces, sólo algunos niños como él, y unos pocos hermanos jubilados de bancero, que ya no pueden ofrecer a la hermandad su esfuerzo, derrochado a manos llenas en una juventud ya marchita; y en el centro de la calle, unas pocas niñas vestidas de vírgenes, terciopelo y bordados de oro desbordando esa niñez oculta en los adornos del vestido. Las mujeres salvaron el rito cuando decidieron cambiar la historia e incorporarse, decididas, a la procesión, pero aquello aún no había sucedido.

Después, ya a la bajada, cuando la noche ya ha devorado el último rayo de luz, cuando la luna se posa en las ramas del olivo, sobre las imágenes tan queridas de Jesús y del Ángel, cuando las velas que cobijan las tulipas, por fin, se han encendido, traspasada la calle del Peso, el cansancio ya ha hecho mella, y las filas, no demasiado abundantes de por sí, se han acortado aún más en su memoria. Pero el niño no se rinde, aunque sabe que la noche va a ser corta; que mañana, en el Viernes de tumulto y de silencio, va a levantarse temprano para acompañar, también, a la Madre en su Soledad. El niño quiere, desea, llegar hasta la iglesia, y casi llora cuando su madre le coge de la mano, a la altura de su casa, para retirarle de la procesión.

Más allá del puente, cuando las puertas de San Antón han debido ya cerrarse detrás del último nazareno que ha

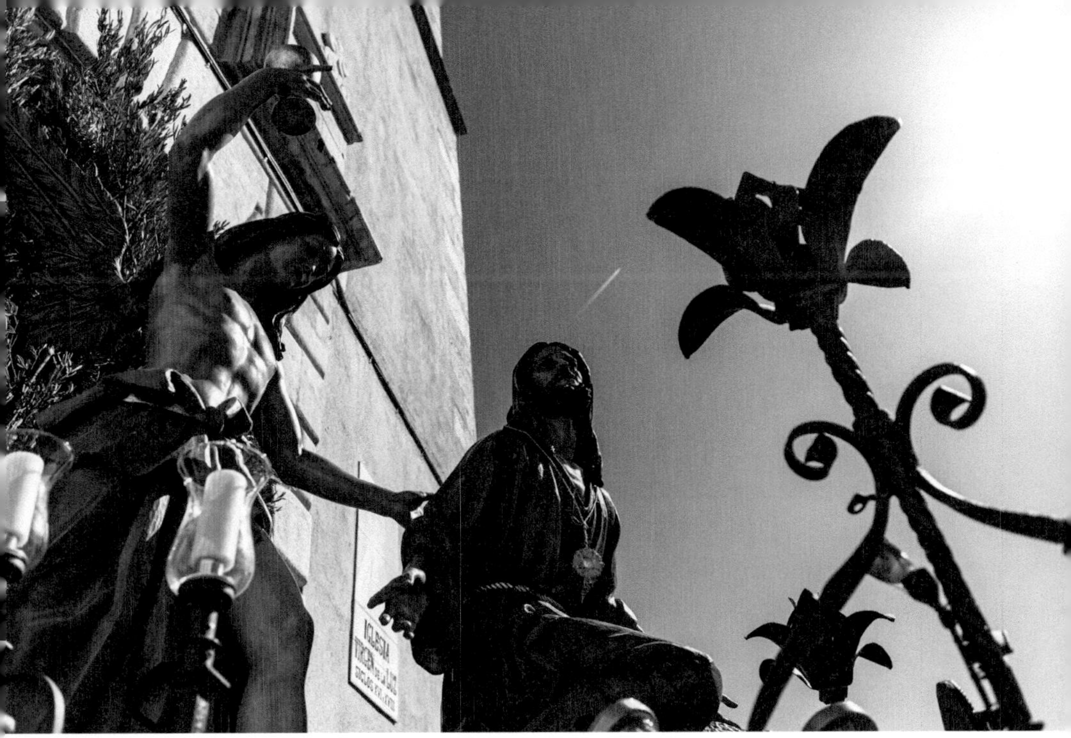
IGLESIA
VIRGEN DE LA LUZ

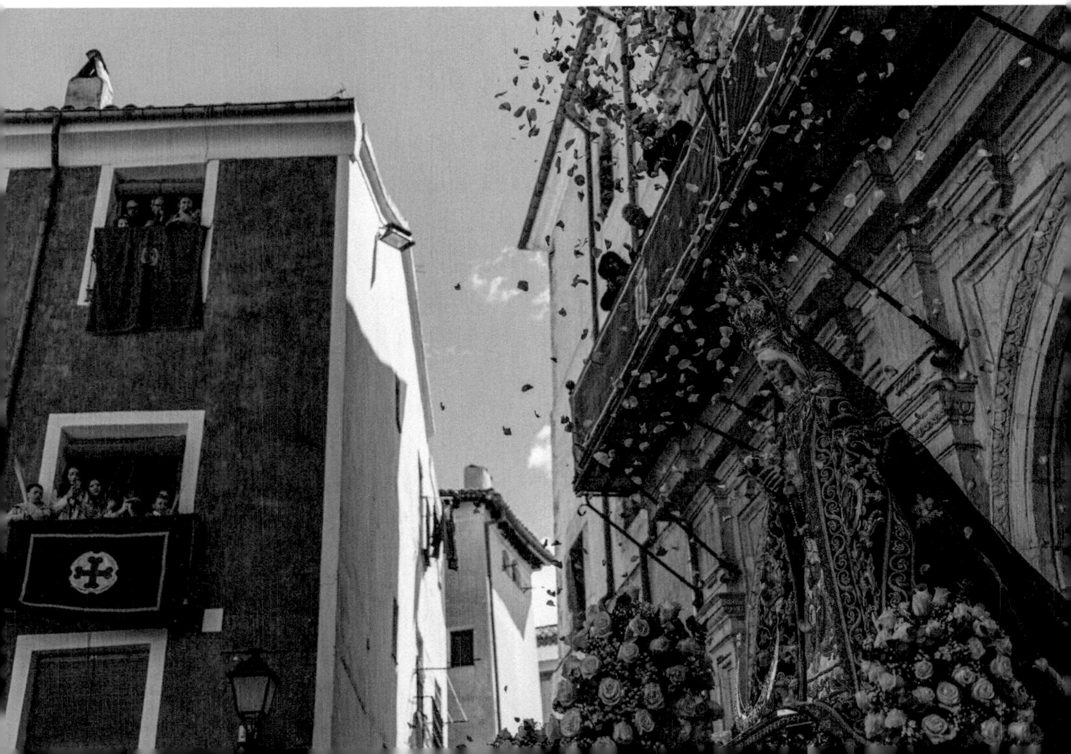

querido acompañar a la Madre en su Soledad, el Júcar, y toda la ciudad con él, se transforma en un resonar de tambores roncos y clarines destemplados. Entonces el niño, que apenas ha podido dormir en toda la noche por culpa del ruido, pero sobre todo por la tensión acumulada, apenas siente en su piel el frío cuando asciende, camino de la iglesia del Salvador, por las Escalerillas del Gallo, La puerta del templo, que todavía no ha incorporado los relieves de Zapata, permanece aún cerrada, y el ruido, ahora, arrecia; se transforma en un grito ensordecedor de dolor y de arrepentimiento, que se convierte en una herida abierta en el alma de los turbos cuando las puertas se abren, para dejar salir al Nazareno, Señor de Cuenca, siempre a hombros de sus hermanos. Después saldrá la Verónica, y San Juan; y por fin, el silencio, el más absoluto silencio, cuando la Soledad, su Soledad, asoma a una plaza por completo diferente.

A lo lejos se oyen aún los tambores de las turbas, pero en las filas que acompañan a la Madre, la procesión es otra, distinta. El rosicler de la amanecida le sorprende en los primeros repechos de la Trinidad, y el frío se hace más intenso conforme la procesión avanza, sinuosa, entre las curvas de la Audiencia. ¡Qué distintas aquellas procesiones de su niñez a las de ahora, cuando el sol empieza ya a calentar antes de que el desfile haya abandonado del todo la Puerta de Valencia! ¡Qué distintos aquellos Viernes Santos, cuando podía acercarse hasta la puerta de la iglesia sin que nadie le detuviera, y mezclarse con la turba para sofocar la tensa espera del inicio de la procesión!

El niño fue cumpliendo etapas en esa procesión particular que la vida le va ofreciendo. La tulipa, esa vieja tulipa de antes, esa hermosa tulipa de cristal tallado y hojalata, sustituyó primero a la cruz de la niñez. ¿O quizá nunca hubo cruz, y fue primero también otra tulipa, más ligera y más pequeña? Después, la horquilla sustituyó a la tulipa, una horquilla que nadie pudo desbancar, y sólo en algunas ocasiones llegó a ser reemplazada por el hachón, por el cetro de hermano mayor, por el varal de un guión tan pesado como la propia historia que la tela representa.

Y un día, el hombre que fue niño contempla, desde su puesto bajo el banzo, junto a otros hombres como él, con los que comparte devoción por Jesús, orante en el Huerto de los Olivos u oferente de su Sangre en el Cenáculo, o por María, dormida en su Esperanza cada Domingo de Ramos, a su hija y a sus sobrinos, con su túnica morada o blanca y su capuz granate, caminando de la mano de su esposa, vestida también con la misma túnica y el mismo capuz; formando parte también, como ellos, de la misma fila de nazarenos anónimos. Después, llegarán los años en los que ellos habrán crecido lo suficiente como para salir solos en las filas, e incorporarán a la túnica blanca otras túnicas y otros capuces. Y llegará por fin un día, no lejano en el tiempo, en el que la hija será la que le sustituya debajo del paso, y el hombre que fue niño sentirá que la Semana Santa, además de un desfile físico de nazarenos que comparten devoción, es un peregrinar, sin fin, en el camino eterno de la vida.

El hombre que ya es, recuerda al niño que fue y piensa, una vez más, en toda la sangre nazarena que fluye por sus venas. Recuerda a su bisabuelo, Silvino, que fuera hermano mayor de la hermandad de la Soledad de San Agustín en los meses previos a la Guerra Civil, cuando fueron aprobados los nuevos estatutos, a quien él no conoció, y que, sin embargo, de alguna manera, le enseñó a amar ese frío amanecer de Viernes Santo; el hombre que fue niño porta todavía hoy, en cada procesión, el rosario de plata y azabache que fue suyo, y lo acaricia con amor cada vez que el desfile se detiene, como si pretendiera asegurarse, al hacerlo, de que el rosario sigue colgando allí, prendido de sus cordones amarillos o morados.

Recuerda a su abuelo Antonio, que le inscribió en la hermandad familiar, la de siempre, la del Paso del Huerto, de San Antón, cuando apenas tenía cinco meses, lo que le permitió formar parte, a él también, del rito de las procesiones. Y a su abuela, Concha, que tanto se emocionó cuando él bajó de una carrera desde la vieja sede de la Junta de Cofradías, en la calle de Solera, hasta su casa en la calle del Agua, para contarle que, aquel año, le había tocado ser bancero en la hermandad familiar; por turno, gracias a que ellos le habían hecho muy pronto hermano de la cofradía. Entonces sólo tenía diecisiete años, es cierto, pero aquel año iba a ser la primera vez que podría llevar sobre sus hombros la imagen a la que tanto quería.

Recuerda, también, a sus otros abuelos, Julián y Carmen, los que le enseñaron a amar a Nuestra Madre de la Soledad y a la de las Angustias, la misma Madre en dos advocaciones diferentes. Recuerda a su padre, Julián, hermano del Beso de Judas y, sobre todo, nazareno de gorra de plato y clarinete entre las manos, aunque él no llegara nunca a verlo desfilar entre el resto de los músicos, porque para entonces, su padre ya se había retirado de la banda. Y recuerda a su madre, Mari Nieves, labor callada y olvi-

dada la suya, detrás de la plancha y la cocina, encargada, como todas las madres de entonces, de planchar la túnica y tener preparada la comida cada Jueves Santo, para que el niño pudiera estar en la iglesia, junto al puente, sobre el Júcar, en el preciso instante en el que la iglesia abriera sus puertas, y empezaran a asomar, detrás de ellas, guiones y estandartes.

El hombre que fue niño recuerda todo eso, y en sus recuerdos descubre otra vez el misterio de ese rito. Descubre que en la Semana Santa hay -¿por qué no?-, folclore, en el mejor sentido que la palabra tiene, y cultura, y arte desbordado en la talla y en los bordados. Y descubre, sobre todo, que más allá de todo eso, hay un sentimiento religioso, y creencias enraizadas a través de las generaciones. Y descubre que la Semana Santa es, sobre todas esas cosas, una forma diferente de sentir a Dios, a ese Dios de sus mayores, dentro de su corazón.

El Cristiano

Porque detrás de todo nazareno, detrás de todo enamorado de la Semana Santa, siempre hay un cristiano, aunque él no lo sepa, aunque su fe se encuentre a un nivel freático demasiado profundo en el pozo de su alma, y él ni siquiera alcance a imaginarlo. En algún momento de su vida, antes o después, cuando un dolor lacerante o la necesidad de echar la vista atrás le invada el alma, su fe saltará por fin a la superficie, como un géiser de vida nueva, y entonces recordará el tiempo que ha perdido. Se abrazará entonces, como siempre lo ha hecho, aunque ahora de una manera diferente y con un significado diferente, a su Cristo o a su Virgen, y sentirá como la imagen de su devoción le reconforta. Por eso, porque el nazareno y el cristiano son siempre dos imágenes indisolubles, como las dos caras de una misma moneda, como ese Jano al que adoraban los romanos cuando ellos no conocían todavía a Cristo, es por lo que el orador no tiene más remedio que acercarse también a otros espacios, a otros lugares diferentes, que están lejos, aparentemente, de la Cuenca procesional. Otras voces, más doctas que la mía, desde la Teología o desde su propia realidad, también lo propagaron otras veces desde este mismo estrado.

En «*Quo vadis?*», la gran novela del escritor polaco Henryk Sienkiewick en la que algunos historiadores de la literatura han querido ver una metáfora de su patria, la católica Polonia, la misma patria en la que nació nuestro querido papa San Juan Pablo II, uno de sus protagonistas, Marco Vinicio, dirige a Petronio, refinado y pagano romano, las palabras siguientes: «*Pues bien, te digo lo si-*

guiente: no sé como los cristianos se las arreglan para vivir, pero sé que donde principia su religión concluye el poder de Roma, concluye la misma Roma, concluye nuestro sistema de vida y concluye la distinción entre vencidos y vencedores, entre ricos y pobres, señores y esclavos; concluye el gobierno, concluye el César, concluye la ley, y el orden del mundo concluye. Y, sobre todo esto, surge Cristo lleno de una misericordia jamás conocida, y de una bondad contraria a los instintos romanos».

Muchos han comparado el mundo actual, que camina a toda velocidad hacia un materialismo desmedido, hacia el descreimiento más absoluto, en el que Dios está fuera de todas nuestras necesidades, incluso de las más espirituales, con la Roma de los césares, con aquella Roma corrupta y pagana de Petronio y de Pilatos. Quizá sea cierto, pero también es cierto que todavía hay esperanza para nuestra salvación. Aquella Roma corrupta es la misma en la que vivió Jesús, y ello no le impidió proclamar su mensaje de amor entre judíos y gentiles, aunque aquello le costara su vida, la muerte en la Cruz. Y si Jesús pudo vencer a la Roma de los césares, nosotros, si nos empeñamos, con su ayuda, también podremos vencer a este mundo materialista, descreído, en el que nos ha tocado vivir. Los nazarenos de Cuenca, los nazarenos de este siglo XXI en el que ya estamos, tan diferente y, al mismo tiempo, tan semejante a la Roma del primer imperio, en la que vivió Jesús, porque Judea, también, era parte de Roma, tenemos la obligación vital de conseguirlo.

Porque es éste, y no otro, el verdadero sentido de nuestras procesiones: seguir el ejemplo que Jesús nos ha dado, buscar nuestra propia Cruz en el siglo XXI. No se trata de que nos dejemos crucificar como Él lo hizo, pero sí de seguir su ejemplo, vivir en el amor. «Amarás a Dios sobre todas las cosas, y al prójimo como a ti mismo.», nos enseña el mensaje que lanzó a sus discípulos, y también a los fariseos y a los servidores del templo. Ese es el mensaje que debemos seguir los nazarenos, y también los otros nazarenos, los turbos. Porque eso, a fin de cuentas, es en realidad el grupo Turbas, una asociación de fieles, por más que ellos vivan su religiosidad de una manera en apariencia, sólo en apariencia, muy diferente a la de los demás. Toda afirmación necesita su opuesto, toda moneda tiene su cara y su cruz, su anverso y su reverso, y ambos son igual de necesarios y complementarios.

Despedida

Sé que existe una regla no escrita que afirma que el pregón, para ser un buen pregón, debe mencionar, en un momento u otro, a cada uno de los pasos que conforman nuestras procesiones; alabar la belleza de nuestras imágenes, de cada una de ellas, y recordar la brillante historia que hay detrás de cada hermandad. La prudencia, sin embargo, me convence de que ya es la hora de ir acercándome al final de mi discurso; me suplica que vaya silenciando ya mi voz, para que sean otras voces, otras músicas, más melodiosas que la mía, las que vengan a recubrir, como un manto invisible de emoción contenida, la epidermis de la Cuenca nazarena. Me pide, en definitiva, que sea otra vez el silencio, ese mismo silencio que cada Viernes Santo, cuando la turba ya ha pasado y sólo queda delante de nosotros la Madre en su Soledad, se va abriendo camino por las calles y las plazas, por los diferentes escenarios que cada nuevo Parasceve, transforman nuestra Cuenca en esa Jerusalén castellana que cantara el poeta; que sea ese silencio, en fin, otra vez y de nuevo, el verdadero pregonero de la Semana de Pasión.

Por ello, porque está llegando ya la hora del silencio, permitidme que no lo haga, que no vuelva otra vez al principio para recitar, como de corrido, el nombre de nuestras imágenes y nuestras hermandades. Permitidle a este humilde pregonero, que lleva a cada uno de esos pasos y de esas hermandades en su corazón, que no regrese otra vez al principio. Cuando los sentimientos se llevan dentro del corazón, como es mi caso y lo sabéis ya algunos de vosotros, no es necesario que fluyan al exterior y se conviertan en palabras. Muchos de vosotros sabéis que yo siempre he estado ahí cada vez que nuestras hermandades me han necesitado, sea a través de un pequeño poema o un artículo de fondo, o a través de un nuevo libro en el que resumir su historia. Y sabéis que siempre seguirá siendo así, por más que ahora calle, porque para mí, siempre lo he afirmado, todas las hermandades son iguales, todas forman parte, en las mismas condiciones, de esta enorme familia que es la Semana Santa de Cuenca.

Y por ese mismo motivo, a este sencillo pregonero le hubiera gustado que, esta noche, le hubieran acompañado en este estrado los guiones de todas nuestras hermandades. Sin embargo, ese hecho hubiera convertido el acto del pregón en una exposición de guiones, perdiendo de esta forma el sentido que el acto requiere. Por ello, sirvan estos guiones como representación de todos los demás, de la misma manera en la que antes, cuando el pregón se pronunciaba en la iglesia de San Miguel, la imagen del Señor de Cuenca regresaba por un día a su casa, en la cumbre de la hoz del Júcar, para representar en sí misma a cada una de las imágenes que desfilan por las calles de Cuenca cada nueva Semana Santa.

Ahora, el niño que ya es hombre, invitado por vosotros, ocupa este estrado para gritaros que el rito se renueva, que el viejo Cronos vuelve a depositar sobre la mesa su viejo reloj de arena. Cuando esas partículas de cuarzo y feldespato se encuentren ya reunidas otra vez en el cono inferior del reloj; cuando la clepsidra está a punto de derramar su última gota de agua, cuando todo, aparentemente, se haya terminado, nosotros habremos sentido, de nuevo, como nuestra alma se abre a la verdad de lo que hace ya mucho tiempo, en un lugar lejano, al borde del desierto, sucedió con un Hombre justo y bueno. Seguramente, la herida abierta en nuestro costado tardará poco tiempo en cerrarse otra vez, pero siempre tendremos la oportunidad de saber que el año que viene, como todos los años, el ciclo volverá a repetirse. Y que, sobre todo, una parte de esa verdad, quizá muy poca, es cierto, pero en todo caso suficiente, permanecerá para siempre en la cicatriz abierta por la herida de un recuerdo.

¿No escucháis, acaso, a través del silencio, el hermoso ulular de los chopos plateados desde las dos hoces de Cuenca? ¿No escucháis el golpe seco de las horquillas sobre el empedrado de las calles de Cuenca? ¿No escucháis ya el doblar de las campanas, las del Salvador y las de San Esteban, las de la Virgen de la Luz y las de San Pedro, las de todas las iglesias de Cuenca, las que guardan en sus altares las imágenes que estos días salen a la calle y las que no lo hacen, hasta las propias campanas de la catedral, calladas para siempre desde hace más de un siglo, desde que se derrumbara para siempre su viejo trono de piedra? ¿No escucháis el tremolar al viento de las palmas y de los ramos de olivo porque ya ha llegado, o está llegando, el día del Hosana? ¿No escucháis, en fin, a través del silencio rotundo, las primeras notas salidas de trompetas y tambores, de los saxos y de los clarinetes afinados, que enarbolan ya nuestros músicos, nazarenos de gorra de plato, en frase que se hizo célebre desde que uno de mis antecesores la pronunciara desde el viejo estrado de la iglesia de San Miguel?

Sí; dejad que sea mi silencio quien por fin os traiga el día del Hosana, aunque a través del paréntesis que supone ese sábado que está dedicado a la reflexión, y con ella, a llevar a cabo los últimos preparativos para la Semana Santa. Porque a través de ese silencio, en fin, se escuchan ya los tres golpes en la puerta de la iglesia de San Andrés, esos tres hermosos aldabonazos en mi corazón y en el tuyo, en el corazón nazareno de cada uno de nosotros, que anuncia que la primera procesión está a punto de salir a la calle.

Sí, hermanos. Jesús está a punto de entrar en Cuenca por la puerta de la Trinidad. Ya se encuentran los banceros de la Borriquilla preparados para aclamarlo con palmas y ramas de olivo, junto al ciclamor florido de primavera, camino de San Felipe, Ya acunan el próximo dolor de su Madre, vestida de Esperanza pese a todo, en una Plaza Mayor en la que ya apenas cabe más dolor ni más esperanza.

Hermanos: Aprovechad ese silencio, ahora que todo es alegría; ahora que las ramas cortadas del olivo no son todavía las ramas amargas que lloran en Getsemaní, y que las palmas no se han convertido, aún, en la Cruz del Gólgota. Cuando la luna llena de Parasceve se asome más allá del cerro del Socorro o de la Merced, iluminando de plata la carne lacerada, cuando el verde esmeralda del Júcar se tiña de rubíes por la sangre del Cordero, derramada por cada uno de nosotros, sólo podremos ya escuchar lúgubres carracas de nostalgia.

Pero más allá de las carracas, cuando llegue la Resurrección, el lábaro de la victoria coronará, otra vez, las dos hoces de Cuenca, de esta nueva Jerusalén castellana, escenario renovado para la vida que no muere. Y cuando llegue ese día, que el Señor de Cuenca, amado a través de las diferentes advocaciones que dan nombre a cada una de nuestras hermandades, os acompañe, en ese lento peregrinar, en ese viaje infinito, a través de nuestras almas.

MUCHAS GRACIAS POR VUESTRA ATENCIÓN, Y FELIZ SEMANA SANTA, PARA TODOS.